掃除・引越し・終活が楽しくなる?!

# 買取業者が教える 不用品をお宝に 変える得術

リサイクル業
森園高行

KKベストブック

# はじめに

長引く景気低迷や雇用形態の多様化からでしょうか、一般サラリーマンの年収はほぼ頭打ち状態が続いています。それにともない、いらないモノを自分で売るなどリサイクルに対する意識が高まりました。しかし、その正しいやり方や判断基準がわからないため、買取業者から高額な費用を請求されるなど、損をしている人を多く見受けます。

３００店以上の買取店に自らモノを持って行き、宅配買取りも実行した体験から得た「不用品の売り方や店の選び方」を、買取業者でもあるプロの私がお伝えします。ただ売るためのその場しのぎの方法ではありません。もう、「激安処分方法や高く売るには？」と迷うことはありません。何度でも何年経っても使える、いまだかつてない「リサイクル・買取りの赤本」が本書です。

折込みチラシやネット上で「地域Ｎｏ．１買取り宣言」「10％ＵＰ、20％ＵＰ買取り」など、店を宣伝する謳い文句を多く目にします。「他店より安ければご相談下さい」とあるが本当なのか？ 店に持って行くと、「汚れている」「流行っていない」などと商品をけなされるだけ、売るのを止めると露骨に嫌な顔をする店員、持ち込んだ商品を店の裏へなに食わぬ顔をして持って行き、お客の目の前で査定をしない店なども散見されます。「どこの店を選んで良いのかわからない」と悩むのも当然です。

私は不用品を処理したい人が、妙なセールストークやあおりに振り回されないため、この本で得た知識を実際に活かして欲しいのです。リサイクル・買取りの仕事を10年間やっている私だからこそ、親身になってこの実態を説明することができます。本書で１人でも多くの方が、「現金・笑顔」づくりに役立てて頂ければ幸いです。

## ――目　次――

# 第1章

# もう処分代に1円たりとも無駄なおカネを使わない方法

## 自治体では対応ができない
## ブラウン管TVの処分は家電量販店
## 大きさとメーカーを伝えるだけ

ブラウン管テレビは、自治体による処分が

法律（家電リサイクル法）で禁止されている

家の中にある古い、または、使わなくなったブラウン管テレビの処分に困ったことはないですか？　ゴミの日に出しても、不燃ゴミと一緒に持って行ってくれないし、自治体では扱えません（他にパソコンやエアコン、冷蔵庫、洗濯機）。処分をするときの参考にして下さい（180ページ「巻末付録」参照）。

## 回収業者に処分を頼むと、費用がかなりかかる

自治体で処分ができないとなると、回収業者を考える方が多いのですが、テレビ1台だけなのに費用が高いと感じるはずです。以前、回収業者に電話をしたときのことです。「すみません！　ブラウン管テレビ1台をお願いしたいのですが、おいくらになりますか？」。少し待ったところ、「７０００円です」と言われました。あれっ？　と感じたので「テレビ1台でもこんなに

かかるんですか?」と質問しました。交渉で安くならないので、詳細を教えてもらうと、自宅まで取りに行くための人件費に、テレビの運搬費がかかるとのことでした。

## 家電量販店の特徴は、新しい機種の購入時での引取処分だけでも安値で受ける

ブラウン管テレビをできるだけ安く処分する方法は、家電量販店に持ち込むことです。多くの方が、電化製品や携帯電話などの購入時に家電量販店を利用すると思いますが、処分だけでも引き受けてくれます。処分代を払うことになりますが(比較的安く済みます。ブラウン管テレビのリサイクル料金

は全国一律)、店による金額差は運搬費用です。

最低2店で見積もりをとった方がどちらが安いかを比較ができるので、まずはお店に電話をしましょう。スムーズに行うポイントは、「大きさ・メーカー名」を伝えることです。大きさとは、14インチや22インチなどです。メーカー名はSHARPやSONYなどと伝えれば、金額が明確にわかります。メーカー名を伝えるのは、スペック(仕様)差があるためです。

## 液晶ＴＶは年式の新しさがポイント
## 割れやヒビがないことを伝える
## 年式が古くても処分コストゼロ

液晶テレビは年式の新しさがポイント
　古いと査定金額が安くなる可能性がある

液晶テレビは買い換えるときに、家電量販店で下取りをしてくれます。しかし、買取店（リサイクルショップ）の方が高く売れることがあります。どちらで売るにしても、年式の新しさがポイントです。古いと安くなる可能性があります。中古のテレビでも新しい年式だと店が再販をしやすく、さらに40インチなど画面が大きい方が査定額が高くなる傾向にあります。最近では、どの店も査定が無料なので、気軽に利用ができるようになりました。前もって、複数の店で電話で金額を確認すれば、安く買われることはありません。

## 割れやヒビがないことを店に伝えると、再販しやすいので安く買われない

液晶テレビを売るときは、店員に「画面の割れやヒビがないこと」を必ず

伝えて下さい。それだけで、査定額が高くなります。

また、メーカー品によって金額が大きく変わります。人気のあるモノだとすぐに売れるので、より高額になります。しかし、付属品の中でもリモコンがないと、かなり安い額になってしまいます。説明書などがあると、金額が変わります。修理をしなくても、すぐに購入希望者へアピールができるため、店が再販しやすいからです。

## 古い年式や画像映りの不具合も、
## 店側が修理・販売するので処分費用は安く済む

年式が10年以上経っていたり、画面の映りが悪い液晶テレビも、買取店では処分費用を払わないで、買い取ってくれる可能性があります。画面が割れているため断られたモノは、家電量販店へ持ち込みましょう。古いモノは再販がしずらいため下取りを断られがちなので、処分費用がかかる店の場合は、最後に選びましょう。

少し前に流行ったプラズマテレビ。この下取りや買取りもやってくれる買取店は多数あります。「新しくて・キレイ」なモノの方が、高く売れます。さらに、リモコンなどの付属品があれば、より高額になります。

**回収業者では冷蔵庫処分が高額**
**大きさを伝えると金額がわかる**
**量販店への持ち込みか電話**

産業廃棄物などの回収業者では、
人件費などで冷蔵庫処分が高額になる

引越しなどで重たい冷蔵庫の処分に困ったことはないですか？　回収業者

に頼む場合の、費用をできるだけ安く抑えるコツをお伝えします。

新しい年式のモノ（3年前まで）は、買取店で売れます。店によっては、5年前などの古いモノでも取り扱っているところもあるので、まずは電話で確認することです。冷蔵庫の中のチルドルームや引出しなどに、破損がないことが高く売れる条件です。電源コードは絶対に切らないで下さい。間違って切ってしまうと、再販ができないため処分費用を払わなくてはならなくなります。持ち運びが難しいときは、店側に取りに来てもらいましょう。

## 買取りや処分をするときに
### 電話で大きさやメーカーを伝えると金額が明確になる

冷蔵庫の売却・処分を買取店へ電話依頼をする場合は、「大きさ・メーカー」を店員に伝えることで、具体的な金額がわかるようになります。店に直接持ち込み、その場で査定してもらうのが一番良いのですが、重くて持ち運びが困難なときは電話をしましょう。金額がわからない担当者であれば、ベテランや詳しい方に代わってもらうほうが賢明です。約2～3分で目安の見積もりが出てきます。

## 洗濯機を買取りに出すときも冷蔵庫処分と同じ手順だと処分費用が安く済む

洗濯機を処分するときも、冷蔵庫の処分と同じ順番で処分をすると、費用が安く済みます。洗濯機・冷蔵庫も、家電リサイクル法で自治体での処分が認められていません。そのため、処分費用を安く済ませるために5年以内のモノは買取店で売りさばきましょう。5年以降のモノも取り扱っている店もあるので、電話で確認するのが正攻法。高く売れるのは、年式の新しいモノとキレイなモノです。家電量販店で下取りができない場合は、処分代を払った上で取りに来てもらうのが安く済む秘訣。電話で複数の店から見積もりをとることで、無駄な時間を省けます。

## 使わないパソコンの処分方法
## 専門業者が消費者に販売するため
## 壊れていても最低50円で売れる

### パソコンは、データを消してから買取店に運ぼう

古くなり使わなくなったパソコン（デスクトップ型・ノート型）を、家の中に長い間放置していることはないですか？　パソコンは処分費用を払わな

いで、買取店へ持ち込みましょう。その前に、個人情報保護の観点から、データや画像などを完全に消去してからが基本です。パソコンのスタート画面で初期設定に戻すことが一番手っ取り早い方法となります。自分でできないときは、店員に「データ消去をお願いします」と伝えるだけで済みます。電源が入らない場合も店員に相談しましょう。パソコンも資源有効利用促進法によって、自治体での処分ができません。

## 高く売るには、年式が新しいこと・動作の確認ができることがカギ

パソコンを高値で売るには、年式が新しいことが重要です。検索がサクサクとできるパソコンの査定額も高くつき、購入希望者は多いようです。アッ

プル社の「マックブック」は、現在も人気があります。デザインがおしゃれで、ノート型は軽くて持ち運びしやすいためです。デスクトップ型は「仕事でのヘビーユーザー」に人気を集めています。

## 古い・動かない・キズがあるパソコンでも、店に持ち込めば現金に

古いパソコンでも現金になります。買取店が修理をして、購入希望者に再販ができるからです。ウィンドウズ7搭載の中古品が1万円で売れることもあります。店によって金額差はありますが、店に持ち込むか、電話で査定額を確認しましょう。

少しでも高額になるよう、店員には「年式が新しいこと、動いていること、

キズがないこと」を強調して下さい。そして、明確な金額を知るために、「メーカー名・商品の型番・大きさ」を伝えることです。売れなかったときは、回収業者より、家電量販店に持ち込みましょう。

## データを消去した携帯電話
## 高齢者や2台持ちの人向けに
## 中古でもおカネに換わる

携帯電話を売るときの注意点は、
悪用されないために個人情報を完全消去してから

携帯電話を売るときは、個人情報を完全に消去しましょう。今やSNS（ソーシャル・ネットワーキング・サービス）がすっかり浸透し、個人情報を悪用した、様々な犯罪が増えています。そのため、自分の身を守るためにもデータ消去を徹底します。もし自分でできないときは、携帯電話販売店で消去してもらえます（同意書を書くときもあります）。電源が入らないモノでも、携帯電話を専門に買取るところでは、たくさんの電源アダプターが装備してあるので、データ削除も問題なくできます。

## 「高齢者」や「携帯電話2台持ちの方」に需要があるため中古でも売れる

スマホ（スマートフォン）を使う方が以前に比べて増えてきましたが、携帯電話の2台持ちをする方が増え、会社で10台以上のガラケー（ガラパゴス携帯＝スマホ登場前の「普通の携帯電話」のこと又は世界基準とは異なる変化をした日本製の携帯電話のこと）を法人契約するところもあります。「固定→携帯」への移行で、通信費を安くするためです。

また、スマホの使用が面倒でメールと電話ができればガラケーで十分、と考える方もいます。そのため、中古の携帯電話でもおカネに換えることができるのです。「最低でも１００円から買い取ります！」と、ブックオフなど大手の買取店でも力を入れています。年式が新しいこと、メーカー品、キレイ、型番がわかることが高く売るコツです。これも、店が新たな購入希望者に再販しやすいためです。

## 壊れたモノや電源が入らないモノでも部品代として50円で売れる店もある

日本製の携帯電話は海外品より精密です。壊れている商品でも、内部に基盤が入っているので価値があるのです。そのため、買取店側も、お客様に何度も足を運んで欲しいこともあり、ホンの気持ちですが値段をつけます。余談ですが、店の利益はあまりありません。

## ＭＡＤＥ　ＩＮ　ＪＡＰＡＮに価値あり
## 国内メーカー品は海外に大人気
## 使わないミシンにも注目が集まる

### 使わないミシンが海外で売れる理由は

#### 海外製品ではなく日本製だから

昔は使っていたけれど、今では使わないミシンも買取店で現金化ができます。日本製品というだけで、海外ではブランドとなっているのが現実（特に「ジャノメ」や「ブラザー」は大人気）です。20年以上前のミシンはとても高価でした。今はコンパクトで安価な卓上ミシンが普及しているため、昔の機種はほとんど作られていません。そのため、昔のミシンはヴィンテージとしての値打ちがあるのです。特に、メーカー名と型番がわかることが高く売れる必須条件となります。売るときにこれらを伝えることで、具体的な金額がわかるようになります。困ったときは、ぜひ試して下さい。

足踏みミシンは、かなりの旧製品でも売れます。ミシン本体がむき出している型だけでなく、机の中に収まっている型もあります。これは店によって査定額が異なるので、事前に確認するほうが良いでしょう。というのも、せっかく持ち込んだのに「買取りはできません」と言われると、時間が無駄になり、嫌な気持ちにもなるためです。

## 卓上ミシンを売るにはキレイであること、年式が新しいこと

昔のミシンではなく卓上型については、状態がキレイであったり年式が新しいことで査定額が大きく変わります。古くてキズなどがあると、修理をしても再販売が難しいためです。説明書もないと査定額が激減しますので注意が必要です。

## 買取店で引取依頼をすることで、処分費用は払う必要がない

ミシンに関しては、処分費用を払う必要はありません。ほとんどの買取店

で買い取ってもらえるからです。バラバラになってしまったモノに関しては、自治体に500円を払うことによって解決できます。回収業者でも処分はできますが、ミシン1台だけなのにこれほどやってくれるところは自治体ほどありません。繰り返しになりますが、買取店や回収業者の場合、人件費や運搬費が処分費に上乗せされてくるためです。

## 引越しのときにかさばる机やイス
## 傷や破損がないモノは店に運び、
## あるモノは自治体に回収を頼む

引越しのときに重くてかさばる机やイスの得する片づけ方

引越しのときにかさばる机やイスの処分ですが、自治体に頼むことで安く済ませることができます。直接持ち込むか自宅へ回収しに来てもらいます。

持ち込む場合、住んでいる地域によって方法が異なるので、電話確認が必要です。自宅に来てもらうときは、自治体に電話をして「回収曜日と日時」を確認します。その上で、準備しておくモノが「リサイクル券」です。近所のコンビニで売られています。大きなモノでも高くて1000円なので、業者に頼むより安く済みます。自宅回収の場合、依頼者の立合いは不要です。小さなモノは500円と安価で済みます。

**回収業者では処分費用が高額になるケースがある。その実態は……**

回収業者では人件費や回収するための運搬費などで、自治体よりも高額になるケースが多いようです。前にもお伝えしましたが、会社組織には運営維持費がかかります。そのため、安く済ませるなら自治体への依頼が賢明です。ですが、「重くて1人では運べない・忙しいとき」に利用する場合は、最低でも複数から見積もりをとり、一番安い回収業者を選ぶようにしましょう。買取店の場合、運ぶのが困難なときは「出張買取り」と言って自宅まで来てもらうサービスを活用しましょう。店舗による価額差があるため、ネット検索をして電話確認をすべきです。

### 高く売れるイスや机は、「ブランド品で人気があるモノ」

アーロンチェアやリープチェアなど質の良いブランド品、定価の高額なモノは高く売れます。ネット検索をすると、家具を買い取る多数の買取店があります。すぐに決めずに複数の店と金額を比較して、条件の良いところにお願いをしましょう。無料で自宅に来てくれる店もあります。一方でちゃぶ台など、最新のモノにはないアンティークを好む家具好きな方も増えています。

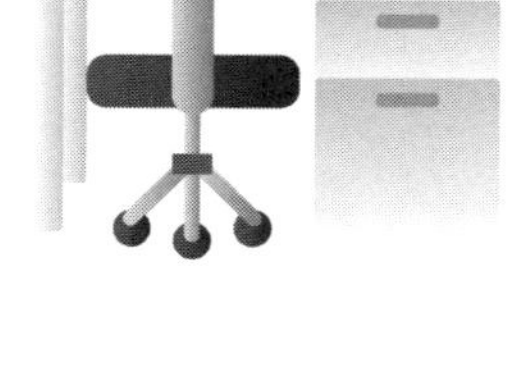

## タンスなどの大型家具の処分は自治体へ電話で大きさを伝える 回収業者では処分代が高額だから

### タンスやソファーなど大きな家具の簡単な処分方法

家の中にある大きなタンスや、使っていないソファーの処分費用を安く済ませるには、自治体に依頼することです。回収業者では折込みチラシやネットでの広告費用など、リサイクル料金以外の費用を事業運営のためお客様から頂くことになります。そして、自治体へ頼むときは、「大きさを明確に伝えること」が大切です。これだけで金額が明瞭になります。

また、処分費用は高くても1000円ぐらいで済みます。自治体は専門業者ではないので、手伝いはしてくれません。1人で運ぶのは大変危険なため、止めたほうが良いでしょう。そういった場合は、家族や友人に手伝ってもらい、負担を減らすことが賢明です。タンスやソファーは家の外に出しておきます。近くのコンビニでリサイクル券を購入して、見やすい位置に券を張っておくと、自治体の作業員もわかりやすくなります。

## それでも回収業者に頼まなければいけない「危機的状況」になってしまったら……

身近に手伝う人がいないため、回収業者を使わなければならない場合は、複数の業者に見積もりをとり、一番安い金額の業者に依頼しましょう。また、軽自動車で移動している「廃品回収業者」は利用しないで下さい（165ページ第6章参照）。無免許で違法営業をしている可能性が非常に高いためです。

## 買取店ではタンスが20万円以上の値段がつくこともある

基本的に大きくてかさばるモノは、店舗に置くスペースを確保するのが困難なのですが、タンスでは桐タンスなどが「骨董品」としての価値がありま す。作者名によっては、20万円以上するものもあります。迷ったら、すぐに電話をすることが肝要です。

## 使わないコンポをすぐに売るには
## 型番やモデルを伝えることが先決
## メーカー品は音楽好きに人気

### 使わないコンポに処分費用を払う必要はもうありません

古くなり、不用になったコンポ。これも処分代は払わないで済みます。買取店での買取りができるからです。ＣＤプレーヤーなど小さなモノも一緒に持ち込むことで、処分コストが「0円」で済みます。

より高く売るためには、「メーカー・年式」がカギを握ります。同時に、キレイであり、動作の確認ができるものです。「ONKYO」「サンスイ」などは、音楽好きに大変な人気があります。廃盤のモノは店でも販売してないため、高い値段がつきます。「ヤフーオークション（ヤフオク）」では、キズがあるにもかかわらず5万円を超えるコンポも多数あります。

## より高額にするために、付属品を忘れずに持ち込む

買取店でより高額に買い取ってもらうためには、付属品を忘れずに持ち込み、査定時に一緒に添えることです。必要なのはリモコンに説明書、ケーブ

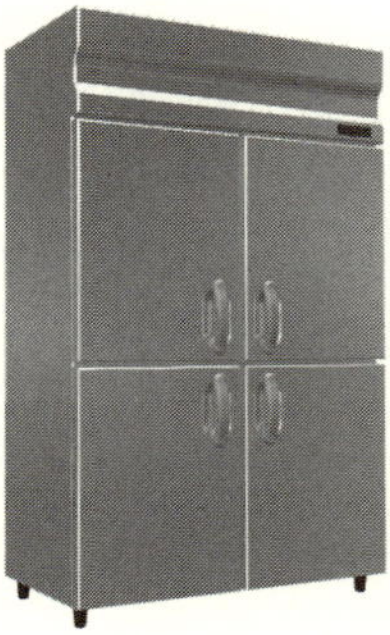

ルなどです。再販するときに、購入希望者が安心して使うことを容易にイメージができるからです。壊れていても修理可能と判断したときは、おカネに換えることができます。

最近では、ブルートゥース（デジタル機器用の近距離無線通信規格）に接続して、スマホから音楽を流せる商品もあります。定価が高額な点と、デザインがおしゃれなのが購入者にウケています。

## 複数店舗での見積もりをとり、一番条件の良いところを選ぶ

前にもお伝えしましたが、売るときに、店員に少しでも安く買われないために「他店でも金額を訊いている」と言った上で店員との交渉が必要です。

これによって、商品を高く売ることができます。金額や他店名などのメモを取ってから、店に電話をしましょう。また、店へ持ち込む前に、付属品の確認と商品を布などで軽く拭きます。少しでも、商品の良さをアピールするためです。

## 自転車の業者処分は費用がかかる 自治体に「処分したい」と電話し、回収を頼んで500円払うだけ

### 自転車処分、回収業者に依頼すると費用が高額になるケースがある

使わない自転車の処分ですが、引取金が自治体では500円〜と比較的安く済みます。処分時に、「防犯登録」がなくても問題ありません（自治体に

確認したのでご安心下さい)。回収に来る「時間と日時」を電話で聞いておきましょう。というのも、自治体や住んでいる地域によって異なるからです。回収業者に頼むと、費用が高額になります。しつこいようですが、折込みチラシなどのコストがかかるため、それが処分代などに上乗せされます。電話だけで、これらのことを未然に防ぐことできるのです。

## 自治体で処分するときには、大きさやメーカーなど一切関係がない

自転車の処分は、大きさやメーカー・年式などは引取金額の大きさにまったく関係ありません。自転車は全国的に見ても500円~。自転車販売をしている買取店でも有料で扱っていますが、500円以下のお店はあまり見か

けませんので、電話確認が最優先。店によっては、処分に防犯者登録を求める店もあるので、面倒な場合は自治体に依頼しましょう。

## 定価が高い自転車に関しては、処分せずに専門店で高く売れる

マウンテンバイクなど、人気のあるモノは現金に換わります。「モデル名・型番」がカギとなります。廃盤になったり、限定生産されたモノはマニアが存在するので高値がつきます。定価が高いモノは、機能性が秀でていたり上質なモノが多いため、中古でも人気が集まります。

ちなみに、マウンテンバイクは定価で100万円を超えるモノもあります。そのため、「自転車の買取専門店」を選ぶことがポイントです。ネット検索

で「自転車　買取り」と検索キーワードを入れることで店を調べられます。キズなどの状態を詳しく店員に伝えると、金額がより具体的になります。売るときは、運転免許証などの身分証明書が必要になるので、忘れないように持参しましょう。

## 回収業者のエアコン処分は高額
## 大きさを量販店に電話で伝え
## 取外しを依頼する

回収業者ではエアコンの処分費用が高いため、

量販店に持ち込むほうが安い

エアコンや室外機の処分方法は、回収業者では高額になります。それは、人件費や運搬費用以外に、取り外す場合の「作業工賃」が含まれるからです。特に大きなモノだと1人で運べないので、作業員が複数で来ます。そのため、人件費がその分だけ増えるケースがあります。

家電リサイクル法によって自治体では取り扱いができません。そのため、家電量販店の方が回収業者に比べて安く済むことがあります。電話で「大きさ・メーカー名」を伝えるだけで、具体的な金額がわかります。そのときに、取外しの金額も聞いておきましょう。

また、軽トラックで回収している廃品回収業者の利用は、止めたほうが得策。これは、環境庁のホームページでも呼びかけていますが、法外な金額をとる業者や無免許で違法営業をしている人が散見しているからで、テレビやニュースで彼らによる不法投棄が問題視されているため、しっかりとした業者を選びましょう。

## 1人で取外しができない場合
## 安心して依頼するための回収業者の選び方

エアコンの取外しは、素人では危険です。ネット検索でその方法が紹介されていますが、重量があり内部のモノが飛び散ったりするため大変危険です。そんなときは、回収業者を選びましょう。業者選びの基準は、「産業廃棄物収集運搬免許」を持っていることです。少しでも費用を安く済ませるために、複数から見積もりをとって下さい。良心的な業者では、エアコンの取外しが無料なところもあります。

## 不用なエアコンを高く売るコツは年式が新しいことが絶対条件

処分費用を払わず、高額に買い取ってもらえるエアコンがあります。それは、年式が新しいこととキレイなことが絶対条件。これらの品物は、店で再販しやすいからです。持ち運びが困難なときは、店員に来てもらいましょう。新しくエアコンを買うときは、家電量販店でいらなくなったエアコンの下取りをやっている店があります。店ごとに、「下取金額や取扱いができるモノ」が違うため、電話確認をきっちりしておく必要があります。

## 残った灯油はガソリンスタンドに
## ストーブの処分は自治体に電話
## 取りに来てもらうとコスト削減

### 手を汚さない・手間をかけないで石油ストーブやガスストーブを捨てるには……

ストーブ処分の前に、燃料（灯油）が残っていたらガソリンスタンドに持ち運びましょう。自治体は灯油処分を引き受けません。そのため、灯油処分が最優先となります。近くのガソリンスタンドに電話で確認をします。店によって、灯油の量が少ない場合は無料で引き受けています。少量でも、絶対に捨てないで下さい。嫌な臭いがするだけではなく、最悪の場合、発火して火災を引き起こしかねないからです。ストーブも、自治体に出すことによってコストを削減することができます。回収業者では小さなストーブだけでも人件費や広告費がかかるので、自治体より高額になるケースが多いようです。

## ストーブは季節商品なので寒い季節のほうが高く売ることができる

ストーブは処分代を払わず、おカネに換える。これには年式が新しく、人気のあるメーカーやデザインの優れている商品が該当します。買取店にもよ

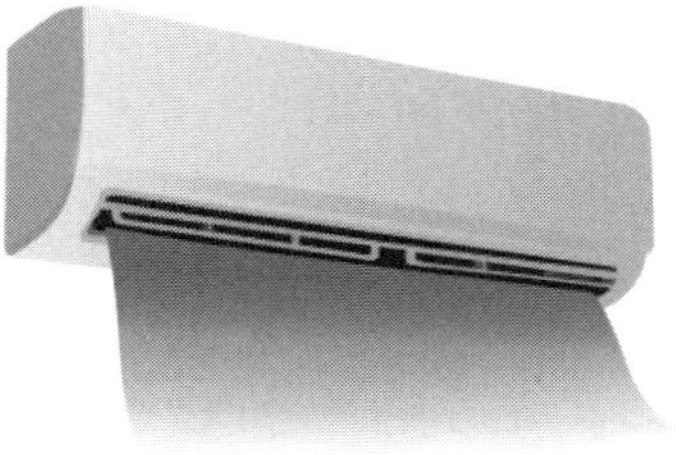

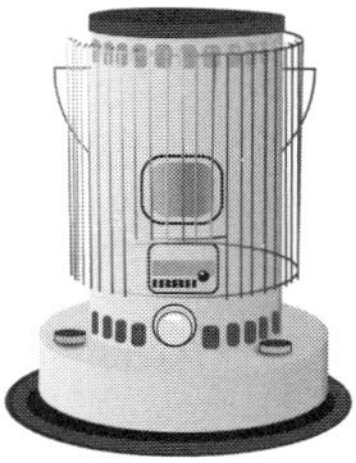

りますが、年式の新しさの目安は3年です。それ以上になると、安くなる傾向にあります。安値でも処分代を払わないで済むので、片づけたいときに便利です。持ち込むか電話確認をしましょう。未使用に近く、状態が良い商品ほど高額です。季節はずれでも、店によっては売りさばくことができます。電気カーペットや加湿器も時季によって、査定額が変わります。

## 小さな電化製品は自治体よりも、安く済ませるにはゴミに出す

大きなモノは自治体に任せます。不燃ゴミの袋に入るモノは、ゴミの日に出して処分費用を節約。電気カーペットや毛布は不燃ゴミに出せないので、自治体に頼むと費用を安く済ませることになります。上手く併用しましょう。

## まとめ

**自分で処分する前に店でモノを売る！**
**営利を目的としない自治体処分が安くて得**
**ただし、モノによる差額にはよく注意する**

処分費用を払う前に売れるかを店に電話で確認する

自分で処分に困ったモノは、「売れるかどうか？」を買取店に確認するのが最優先。捨てようとしたモノが高額に、または安い金額でも処分費用を払わないで済みます。より高く売るためには、「年式が新しい・キレイな状態・型番やモデル名」がわかることが大事になります。これらを、電話や店頭での査定のときに伝えるとより詳しい査定額がわかります。

最近では、ラインやアプリなどで簡単に査定ができる店も増えてきたので、自分に合った使い方をしましょう。買取店では原則的に、査定料や出張費用が無料となっています。そして、売れないモノは回収業者ではなくて、各自治体に依頼をしましょう。電話確認後に、直接持ち込むか、回収日時などを詳しく聞いて、指定された場所に置いておきましょう。

## 回収業者は事業運営をするため、自治体より処分費用が高くなる

自治体は国民の税金でまかなわれているため､営利を目的としていません。逆に、回収業者は処分品が1つであっても、作業員の人件費や折込みチラシ、ネットでの広告費など、お客様には目に見えないコストがかかります。それ故、処分費用が高くなります。

ですが、エアコンなど取外しが困難なモノや重たくて運べないモノは、複数の店から見積もりをとり、条件が良い業者を選びましょう。業者の選び方は、「産業廃棄物収集運搬資格」を持っている業者を選択。軽トラックで廃品回収をしている無免許営業の業者は選ばないことです。

## 自治体で処分ができないモノは家電量販店をフル活用する

家電リサイクル法で自治体対応ができないモノは、家電量販店を利用します。回収業者より処分費用が安く済むことが多いからです。店ごとにその金額が異なるため、電話確認が先決。新しい商品を購入するときは下取りもできるので、金額を確認して条件の良い店に依頼しましょう。

―キーワード―

家電量販店：ヤマダ電機やビックカメラなど家電製品を主に扱う店

## 第2章

# プロ直伝！　すぐ実践できるガラクタをおカネに換える7つの方法

## モノが汚いと買い取ってもらえない
## 布などで拭いてキレイにする
## 買取店への好印象で査定額が高くなる

高く売るにはキレイにすること。査定のときに好印象を与えることが大事

モノが汚れていると、買い取ってもらえない可能性があります。少しでも高額へ近づけるためには、「美品」へ近づける必要があります。店に対して、

モノの印象を良くすることで査定額が変わります。人気商品は再販しやすいため高額になります。逆に、人気のないモノでもキレイだと引取りではなく、少しはおカネに換えられるので、ぜひお試し下さい。ちなみに、買取店側が店頭に並べたりネット掲載をするときは、「クリーニング済み」のシールを貼ることが多いです。それで購入者が安心して買い物ができるからです。余談ですが、大手リサイクルショップの新人の1日はお客様との会話よりもモノをキレイにすること、家具などの掃除をひたすらやらせる店もあります。

## 「美化」するには、柔らかい布や雑巾で拭くこと

モノにもよりますが、電化製品など水に弱いモノに対してはカラ拭きが効

果的です。洋服のシミはブランド品の場合はクリーニング。しかし、電話で見積もりを聞いてからでないと、この経費分が高くなるので要注意。スニーカーなどは一度洗ってから持ち込みます。革靴はカラ拭きをしてから、クリームをつけるのが正攻法。少しの手間で金額が変わります。家に使わない布や雑巾があれば良いのですが、ない場合は安い布でも大丈夫です。生地は綿100％が柔らかくて使いやすいようです（ウールなどゴワゴワしたものだとモノにキズがつきます）。

## 人気のない商品は未使用であっても安価な可能性がある

古い年式の未使用でキレイなモノであっても、買取店に在庫があると査定額が安くなります。電話確認が先決です。

最近では、「宅配買取り」というシステムがあり、申し込めば店からダンボールが送られ、その中にモノを入れて送り返すだけで査定額を調べてくれます。店に行くのが面倒くさい方にも注目されています。

## モノを売るときに箱がないと安い
## 購入希望者者への販売を促す
## 「箱・保証書」は一緒に持参する

**店でモノを売るときに、より高額とするために付属品も一緒に出す**

モノをキレイにしたら、付属品も一緒に持ち込みましょう。これで査定額が変わります。特にブランド品は、購入者がプレゼントに利用する場合が多いからです。優先順位としては、「箱・説明書・保証書」となります。テレビやコンポ、ブルーレイディスクなどは、リモコンがないと安く買い叩かれます。リモコンなしでは再販が困難なためです。

ちなみに、ネットオークションではブランド品の「箱・袋」だけでも販売されています。つまり、付属品は大事なのです。保証書に関しては、1年以内のモノだとメーカー保証がついているものもあるので、査定額を左右します。そのため、「箱や説明書などの付属品」は大事に保管しておきましょう。いざ、売るときに大変役に立ちます。

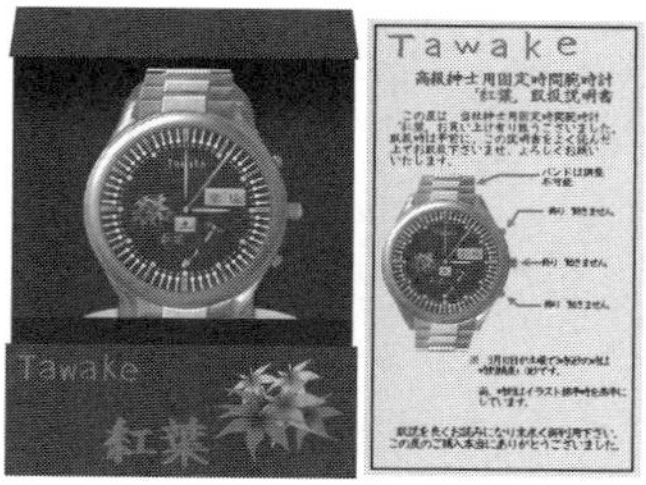

## ゲームソフトやパソコンなどの電化製品は
## 説明書がないだけで金額が激変

ゲームソフトは説明書がないと、査定額が大幅に変動します。操作方法がわからないからです。箱や説明書のないゲームソフトだと、売れない可能性もあります。他には、パソコンも説明書がないと、シニアの方に向けて販売が困難になります。そのため、説明書があれば必ず持ち込みます。本に関しては、水に濡れないように保管しましょう。

## 付属品が商品をお店で売るときのコツ

付属品がないモノを売る場合は、最初に買取りができるかを電話で確認して下さい。店頭に直接持ち込むのも良いのですが、時間がかかるためです。電話だと約2～3分で済みます。逆に買取不可であれば、他のモノを持ち込むとき、一緒に処分をしてもらいましょう。付属品がないと、原則的に安くなる傾向にあります。

# 金やプラチナは投資価値あり壊れた貴金属も店頭で売る即金化が原則になっている

**金やプラチナは世界中で投資対象になっているため価値がある**

金やプラチナはアクセサリー以外に、投資価値として世界で人気があります。「投資」と言うと、株や不動産・ＦＸ（外国為替証拠金取引）を連想する方が多くいます。

しかし「現物」として金やプラチナは、すぐに現金交換が（どこの国でも）できるので、世界の投資家にも注目されています。純金積立てをやる方も以前より増えました。シルバー（銀）に比べて、約60倍です。

## 切れたネックレスや壊れた指輪なども「金・プラチナ」に価値がアリ

チラシやネットでも、盛んに貴金属の買取りを促しています。金歯やピアスのバックピンなど、私たちの身近に金やプラチナは使われています。昔は金にここまでの価値はなかったのですが、リーマンショック後から「現物」の金に注目が集まり、粉砕していても専門業者が溶かして再利用するため、どんな状態でも現金になるのです。余談ですが、子どものおもちゃの中やフリーマーケットなど至る所に金は紛れています。数々のアクセサリーの中に紛れているため、買取店でもまれに見落としがあります。

そのため、気づかないで捨ててしまう方も大勢います。金・プラチナはたくさんの買取店が積極的に力を入れているので、貴金属は捨てる前に店頭や電話で査定額を確認することをオススメします。著者のお客様で、子どものおもちゃ箱の中に金・プラチナが入っていて、査定額を聞いてびっくりしていた方が実際にいました。

## 使わない貴金属は原則的に即現金化

買取店も貴金属の鑑定はしやすく、お客様の中には当時1万円で購入した指輪が、3万円になるということも珍しくはありません。昔は金が安い時代がありました。金・プラチナはアクセサリーに頻繁に使われているので、指輪の裏側に名前が入っているモノでも、溶かしてしまえば再利用ができるため、現金に換わるのです。

## 傷がないスマホやタブレットは料金支払いの終了が基本原則年式が新しいことを店に伝える

**スマホやタブレットを高く売るコツは、キズがなくて動作が確認できること**

キズのない年式の新しいスマホ、アイフォン、タブレットは高額になります。購入者の多くは、ゲーム専用に2台使いたい人や、子どもに使用させるためです。下取りは携帯ショップでもやっていますが、より高く売るためには、携帯を専門に取り扱う買取店を選ぶことがより高く売るポイント。そのとき、「料金支払い終了」が基本原則です。分割が終わっていないと、所有者はまだ携帯会社です。そこで、料金支払いが終わっているかの確認は、ネットでの検索となります。面倒くさいときは、直接店頭に持ち込みましょう。

## 携帯電話で起るネットのトラブル回避方法

携帯電話には「ネットワーク利用制限がわかる製造番号（固有番号）」というのがあります。「マークが○」だと売ることができます。店によっては「△マーク」でも売れるお店もあります。「×マーク」が出たものは売れません。

携帯電話機能の「電話・メール」が使えなくなります。ネット上で中古のスマホの販売をたくさんの方が手掛けていますが、使えなくなるケースも散見します。買うときは正規店で購入すること。料金トラブルなど、余計なことを未然に防ぐことになります。

## 個人情報は必ず消さないと悪用される恐れがあるのでしっかり削除する

スマホ、アイフォン、パソコン、タブレット等を売るときは、個人情報保護の観点から、データを完全に消去する必要があります。自分の身を守るためです。店員に頼めば初期設定に戻してくれます。その上で、すべてのデータを削除します。このとき、本人確認ができるもの（運転免許など）が必要となります。同意書も一筆書くことになるので、事前に知っておいて下さい。
データを完全消去してから、売るようにしましょう。

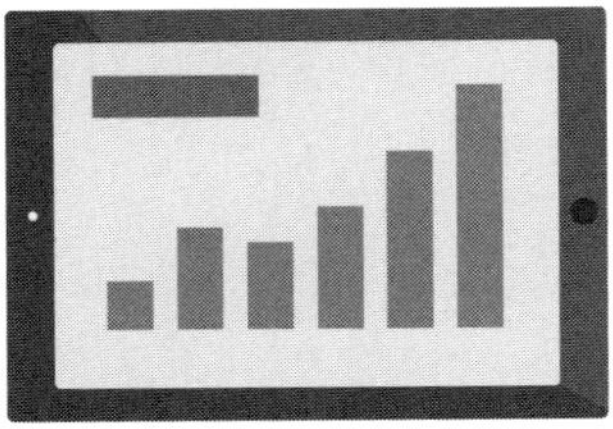

## 使わない未使用切手や年賀切手は1枚でも店に持ち込んで売りさばく 店が荷物を送るときなどに使うから

使わない未使用切手や年賀切手は店に持ち込んで売りさばく

使わない未使用切手は、買取店に持ち込み現金化。店は荷物などを送るときに使うため、買取りを実行します。普通切手は原則的に額面を超えるものはごくわずかです。逆に、記念切手の場合は、プレミアがつく可能性がありま す。現在では発売されていないレアなものがたくさんあり、1枚でも高額になるケースが多くあります。未使用でも破れている切手ですが、店での買取りを断られたら、郵便局で交換してもらいましょう。中国切手では、高価なものだと5万円や10万円以上の値がつくものもあります。使用済切手は、基本的に価値はありません。店によっては、100枚や1000枚単位で買い取るところもあります。

## より高額に売るには、欠けてない状態の良い切手

切手の一部が欠けていると、店によっては金額が安くなります。それを見

極めるには、無料で査定をするためにも、電話か店に持ち込むことです。量が多い場合は、郵送での買取りや出張でのサービスなど自分に合ったやり方を選ぶこと。年賀ハガキも店で買い取っているので、持ち込んだ上で現金にしてしまおう。

## 切手を売るときの注意点は、できるだけ同じ額面のモノをまとめておく

少ない枚数であれば問題ありませんが、100枚以上などの場合は、金額別に分けておくと査定時間を短縮することができて、待ち時間も短く済みます。繰り返しになりますが、売るときには複数店舗で見積もりをとり、一番条件の良い店を選ぶ。最近は、希望金額を聞くところもあります。

## 未開封の古いお酒を売るには
## その銘柄を強調するに限る
## 年代を問わずマニアが欲しがる

未開封の古いお酒を高く売るには、その「銘柄」を店員に伝える

少し前から、古いお酒の買取りを始める店が増えました。昔の「ヘネシー」などは、どの店でも高額です。購入者の多くは、外国人の方です。また、日

本でも年代を問わずに、マニアが欲しがっています。「古いお酒は、熟成されていて美味しいのではないか？」と注目が集まりました。箱があると、より高く売れます。容量で査定額も変わるので、ネット検索か店頭への持ち込みのいずれかを電話で確認しましょう。「ドンペリニヨン」など、高価なシャンパンはすぐに現金化ができます。また、古いことを良いことに「蒸発しているため減額します」などと安く買い叩く店もあるので注意が必要です。

## 海外ではなく日本のお酒でも高いモノはある

入手困難なお酒は、古くても高いため、年代よりも「銘柄」が重要となっています。生産本数が極めて少ないため、買取相場が高騰しています。日本酒は、最近では古くてもレア物を中国人がよく購入しているようです。

## 開封してしまったお酒の行方

売るときは、未開封のモノに限ります。開封したお酒を買い取る店もありますが、未開封のモノに比べてかなり安価になります。ここは店への電話確認が先決です。買い取ってもらえない場合、料理酒として使える可能性がないわけではありません。しかし、基本的には流しに捨てた上で、ビンをゴミの日に出しましょう。

## 国内でも海外でも人気がある骨董品
## 売るときのポイントは「作家名」
## 作品の「年代」を証明するものを持参

**骨董品の価値は「作家名」、これにより高額になる**

『開運！　なんでも鑑定団！』はすごく人気のあるテレビ番組ですね。一般でも「掛け軸や壺・茶道具」など、１つで３０００円～１億円を超えるモノまであります。金額が左右されるのは、「作家名」と「年代」です。同じ作家名でも、モノによって金額がかなり変動してきます。今、骨董品は日本でも海外でも人気があるのです。作家によってファンが定着しています。江戸時代など古い時代のモノは手に入りづらいため、高くなる傾向にあります。

売るときには、年代がわかるものがあると鑑定基準や目安になるので、必ず持参しましょう。骨董品はとても奥が深くプロでも真贋《しんがん》が難しいので、「骨董品の専門店」に依頼することが高く売る近道です。査定経験が少ないアルバイトの方だと、モノの価値がわからずに安くなってしまう可能性があるからです。

## 複数の店に必ず依頼をして条件の一番良いところに依頼

骨董品の専門店の中でも、「茶道具・掛け軸が得意」などとモノを特化している店の方が知識や経験があります。そのため、ネット検索では骨董品の商品名を入れて複数の店から見積もりをとりましょう。

余談ですが、無愛想な店も存在するのが現状です。そのため、金額以外の判断基準として、「この人に頼んで大丈夫」と感じたらお願いするというのも店選びの1つです。骨董品の処分が面倒くさいからといって、回収業者へ頼むと処分費用をとられてしまいます。私のお客様の中で、トラック6台分で30万円も処分費用を払った方がいました。買取店ではどのお店を選んでも、それらの費用を払わずに現金になります。

## 骨董品は古くて当たり前だけども、ほこりをとってから店に持ち込む

骨董品に関しては基本的に古くて汚れがあるモノなのですが、ほこりなどを払ってキレイにしてから店へ持ち込みましょう。

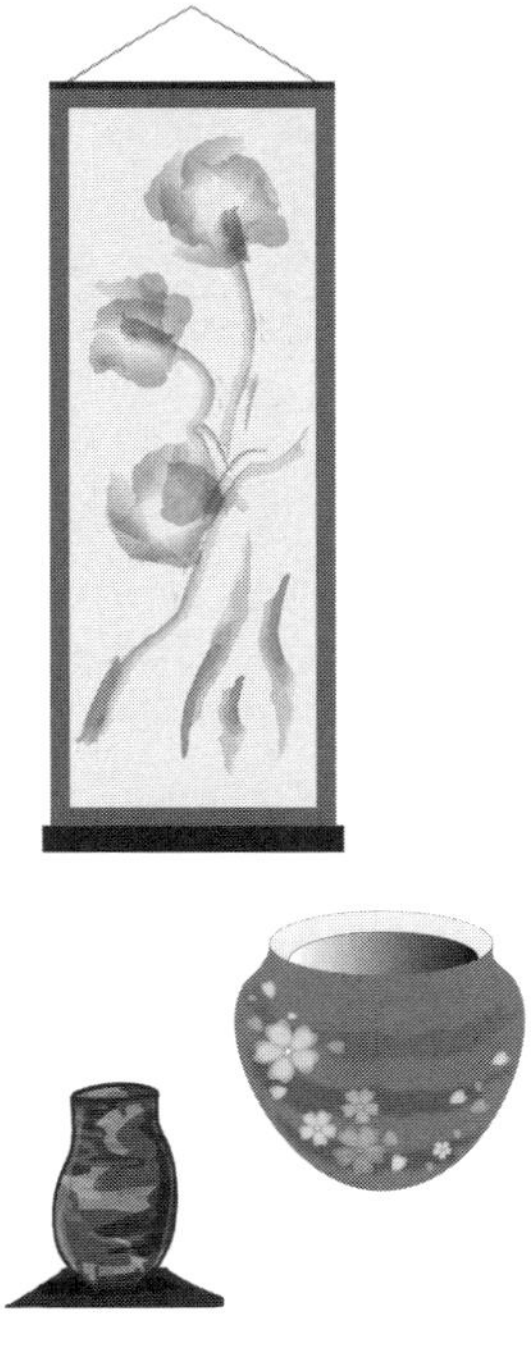

## ブランドの財布・食器などは箱や保証書があることが大切
## モノによって金額が2倍以上も違う

ブランドの財布やバッグを売るときは、箱や保証書があると高額に

ブランドのバックや財布は汚れても売れます。エルメスの「バーキン」は、新品よりも中古品の方が高い時代がありました。というのも、エルメスは限

定品が多く、芸能人の方が多く所有することも影響しているようでした。

こういったブランド品を売るときは、付属品も一緒に持ち込みましょう。前にもお伝えしましたが、箱があると店も再販しやすいため、より高額になります。シャネルの使いかけの香水も現金になります。車やトイレの芳香剤に使ったり、お部屋に良い香りを漂わせたい方が購入します。食器に関しては、原則、未使用で箱があること。箱がないと、査定額が安くなります。

付属品として、ギャランティカード（品質保証書＝製造会社がその商品を本物であると証明している付属カード）やショップカード（店の名刺）があると真贋の目安になるため一緒に持ち込みましょう。店側が再販しやすくなり、モノによっては金額が2倍以上も変わることもあります。

## 専門店に持ち込むことで、より高額になる

インターネットオークションでも、ブランド品は人気があります。定価が高額なものが多く、自分用またはギフト用として購入する若い方が増えたのが特徴です。特定のブランド品が得意という買取店があるので、まずは電話や店頭に持ち込み、査定額を聞きましょう。

## 中古品でも高額になる人気を誇るブランド品は廃盤でレアな品物

ブランド品は、年齢を問わず人気があります。原因を探ってみると、関東

などの都心部では販売していても、地域によって販売している店がなかったため、購入していく方が多かったからのようです。バレンタインデーシーズンの「ゴディバの限定チョコレート」。これは、2月14日が過ぎても定価より高額だったにもかかわらず購入する地方の方がいたそうです。

## 腕時計を売るコツは型番がカギ
## 保証書などの付属品があることも伝える
## 高級品なら動かなくても換金可能

### 腕時計を高く売るポイントはブランド名と型番

ロレックスやオメガなどの高級腕時計は「型番」や「モデル名」が最重要です。定価が高いため、中古でも高く売ることができます。高級時計は必ず付属品を持参しましょう。ネットオークションでは、箱や時計の長さを調節する「ベルトのコマ」だけでも売り買いが行われています。また、壊れている高級腕時計も換金できます。電池式よりも、自動巻きの方が人気があるため、高く売れる傾向にあります。

## 置時計や掛け時計は動いていれば即現金に換えられる

腕時計以外の時計は動作確認で店頭販売ができるので、すぐに現金と交換できます。動かない場合は、売れても安くなります。懐中時計に関しても、ブランドや状態などによって金額が左右されます。

## 高級時計の電池交換は安い店ではなく、購入したブランド正規店で

高級時計は「メンテナンス費用」をケチらないほうが良いようです。安さだけを基準にしてメンテナンス店を選んでしまうと、正規の店に持っていった場合に、修理を断られる可能性があるからです。

例えば、ロレックスの正規店で時計を購入したとします。違う店に修理を頼んでしまうと、「ロレックスの製品じゃない」と思われてしまいます。そのため、修理費用が高額だと感じても、正規店を使いましょう。また、修理技術の未熟な店に任せてしまうと、キズをつけられてしまう可能性もあるので、見極めが必要です。

## まとめ

**売る前に拭いてキレイにしておく**
**箱や保証書は一緒に持っていくことで**
**査定額が2倍以上も違う**

いらないガラクタを現金に換えるモノとは……

自宅の中で「ガラクタ」だと思っていたモノが現金に換わります。おもちャの中に一緒に混ざっているアクセサリーに、金やプラチナが含まれていることもあるのです。古くなったお酒で未開封のモノを売るときは、ネット検索するか、直接店に電話をしましょう。

スマホ・タブレットを売るときの注意点は、原則的に支払いが終わっていることが条件です。キズや画面が写らなくても換金ができます。個人情報を自分で守るためにも、データはすべて消してから持ち込むこと。

骨董品はプロでも真贋が難しいので、迷ったら「骨董品の専門店」に電話をして持ち込むか、査定に来てもらう。高級時計は壊れていても、おカネに換えることができます。ブランド食器は、箱があると高額買取りにつながります。中国切手は1枚でも、レアなモノは10万円を超えるモノもあるので、店で売りさばく。ブランドのバックや財布は中古でも人気があるため、キズがあっても換金可能です。

## より高く売るには複数店舗から見積もりをとるために電話する

繰り返しになりますが、複数の店舗から見積もりをとれば、より高く売れる店を見つけることができます。持ち込むときに、付属品を一緒に持って行くように（箱やギャランティーカードなど）。これらによって、金額が2倍以上も変わることがあります。

## 布などで軽く拭き店員に商品の好印象を与えて査定額へのダメ押し

軽く布などで拭いてから、店舗に持ち込む。これで店員に、商品が良いコトをアピール。査定額のダメ押しを狙ってしまいましょう。

―キーワード―

骨董品：掛け軸や食器や絵など希少価値のある古美術や古道具

# 第3章

# 売り先をチラシだけで決める？　間違いだらけの店選び

## 商品知識が希薄な「なんでも屋」ではなく、知識や鑑定経験が豊富な専門店に取扱品目を絞った店に足を運ぼう

### 「なんでも屋」ではなく商品知識が豊富な専門店に

「なんでも買取りします！」とよく耳にします。一見すると良いように聞こえますが、取扱品目を絞った専門店に足を運びましょう。というのも、な

んでも買い取る店では、店員が広く浅くしか学ばないことが多いため、商品知識や鑑定経験が少ないケースがあるからです。知識や経験を持った「専門店」に持ち込んだほうが、買取金額が高いのです。

## 専門店でも自分と「相性の良い店員」を基準に選ぼう

専門店の中でも、知識は豊富にあってもお客様と対話をする経験が少ないスタッフもいます。そのため、長い経験のある信頼のおける人に見てもらうことが大切になります。まずは、近所の店舗に持ち込むか電話が良いでしょう。いくつか質問をしてみて、即答できる店員を選びます。鑑定経験や知識が不足していると、対応が不慣れになります。

## 取引品目がたくさんある店より、「特化」した店を選ぼう

骨董品の中でも「掛け軸・茶道具」を中心に買い取る店など、商品をより絞っている店を選ぶことが賢明です。また、新人の店員より鑑定歴の長い店員のほうが対応も慣れているので、複数の店で電話確認をして、店頭持ち込みをしてから決めるのが正攻法です。

## 人件費のかかる大人数の店より
## 個人商店など少人数の店を推す
## 人件費の差で査定額が違う

### 買取店で査定額が安くなる理由は人件費がかかるから

大勢の店員がいる店舗では、人件費がかかるためその分をお客様から安く買取ることで補う傾向があります。個人商店など少数精鋭で営んでいる店では、人件費がかからないため査定額をその分に上乗せした額で買取りができます。店選びの基準にしましょう。

## 店ごとに査定額が違う理由は、見えない箇所におカネがかかるから

人件費以外には折込みチラシやネット広告など、お客様の目に見えないところに経費がかかっています。これによって、お客様の査定額が安くなってしまうのです。しつこいかも知れませんが、複数店舗から見積もりをとることで、より安く買われない対策を講じることが肝要となります。

## 店舗が大きいと維持費がかかるため、査定額が安くなることもある

店を運営する上で、家賃代や光熱費などがかかるため、その経費がお客様の査定額に大きく影響してきます。最近では、店頭販売をするところより、買取専門の店が増えてきました。比較することで、より条件が良い店を選びましょう。ちなみに、査定額が店によって異なることに、違法性はありません。

## 地域No．1買取店が四方に乱立
## 複数店に見積もり依頼をすれば、どこが一番高い査定額かを見抜ける

### 地域No．1買取店が多いのは、耳障りの良い言葉だから多用する店が多い

「地域No．1買取り宣言」というキャッチコピーや店ののぼりを見たことはないでしょうか？　耳障りの良い言葉で、お客様にインパクトを与えま

す。しかし、このためだけに使ているので、振り回されないで下さい。査定額が一番高い店はどこかは、自分で電話をして確認しましょう。

## 見積もり依頼をしたが、店員が答えてくれないときは?

店へ電話で質問をすると、店員によっては質問をはぐらかす人もいます。そういった店には頼まないほうが賢明です。自信がないか、ひやかしと勘違いをしてるのかはわかりませんが、質問に答えてくれない店もあります。無愛想な店員もいるので覚えておいて下さい。

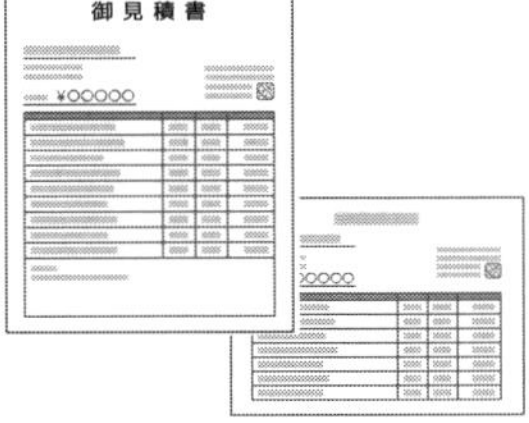

## キャッチコピーに惑わされず、信じるのは「査定額」

「高価買取りします！　他社より安いときは相談して下さい！」とあるので、モノを直接持ち込んだら、かなり安い査定額でした。他店の金額を伝えると、「どこの店ですか？　そんな金額は無理ですよ」と言われました（これらは、すべて実体験です）。中には、両肘をついて対応する不愉快な店員がいる店もあるので覚えておいて下さい。

## よくある「10％UP買取り」とは
## お客様に注目させる客寄せパンダ
## 「あおり」に惑わされないためにネット検索

チラシやネットに散見する「10％買取り」はお客様を振り向かせたいだけ

チラシやネット上で、「今だけ10％UPの買取りをします」と見かけませんか？　これは、「客寄せパンダ」です。広告の反応率をよくするためと、お客様に「お得感」を感じてもらうためにやっているのです。買取相場はある程度決まっているので、このようなコピーに引っかからないことが大切です。

## ネット検索をすることで「あおり」に惑わされない

査定額は店ごとに違います。金額がまったく異なる場合でも、違法性はないからです。お客様が「同意」すればですが、あまりに安くしてしまうと口コミなどで悪評が広まるので、露骨な金額を提示する店は少ないと思います。どこが高いのかは、電話や店頭に持ち込むことで容易にわかります。時間のない方は電話での確認が早く済みます。

## 店によっては、先に10%引いて提示することがある

### 複数の見積もりをとろう

ある店に査定を依頼した実話です。一度、店員に査定をしてもらいました。翌日、その店の「10%UP」のチラシが手に入ったので、それを片手に、今度は別の店員に査定をお願いすると、前日と同じ査定額でした。このようなことを、なに食わぬ顔をしてやっているので、これも知っておいて下さい。

## モノを売るときはベテランに
## 鑑定経験が希薄な新人は避けよう
## 金額の交渉が未熟だから

### モノを売るときはベテランに、鑑定経験が希薄な新人は避けよう

同じ店に持ち込んだのに、査定額が異なるケースがあります。鑑定経験や商品知識が希薄な新人やアルバイトは避けたほうが賢明です。というのも、

金額交渉が未熟だからです。また、店によっては売上げしか考えていない店もあり、店員に酷なノルマが課せられているため、安く買い取る店もあるのが現状です。

## 名前がわかるのであれば、指名して鑑定をお願いしよう

お客様を喜ばすことではなく、会社の営利ばかり追求し、それが働いた店員の給料に跳ね返る仕組みになっている店があります。店側はできるだけ安く買い、高く売りたい。この仕組みが悪いのではないですが、口では「お客様のため」と言いながら、自分のことしか考えていない店も散見している、それが実態と言えるのでしょう。

## 同じ店でも店員により査定額が違うときがある

新人やベテランでなくても、店員ごとに査定額が違うケースがあります。以前、洋服を店に持ち込んだときのことです。5日前の女性店員さんと今日の男性店員さんでは、金額が10倍も違いました（女性ブランドの洋服を持ち込みました）。女性の方は「このブランドは人気があります」と言っていたにも関わらず、男性スタッフは安値でした。理由を聞いても教えてくれず、謝罪すらないのです。余談ですが、この店は閉店しました。

## 他店の金額を店員に伝えることで対面交渉をスムーズにするダメ押しで希望金額も一緒に伝える

### 他店の金額を伝えることで、対面交渉がスムーズになる

事前にある1社の見積もりをとって、その査定額を別の店の店員に伝えます。店によっては高く売ることができるので、積極的に活用して下さい。ダ

メ押しに希望金額も一緒に伝えましょう。これで、最初の査定額より高く売れるようになります。

### 店員が「大幅に」査定額を変えたら注意！

店員によっては、しつこく「もう使わないのか？」「どこで買ったのか？」などを聞いてきます。傍から見ていると、まるで尋問です。最後に査定額を聞いたとき、もうこれ以上金額が上がらないのかを訊きましょう。いきなり、金額が大幅に変わる店は要注意です。元の金額が、かなり安い可能性がありま す。また、電話では店員が商品を見ることができないため、明確な金額が出せません。直接持ち込んで、一番高い店へ売りましょう。

## 「金は今が売り時」の理由
## 30年間で見ると最高水準に
## 2000年と比べても約5倍

「金が今が売り時」の理由は、30年前と比べると最高水準だから

テレビや新聞でも、「金は今が高値」としきりに言っています。2000年と比べると、約5倍も違います。500グラム以上の金塊（インゴッド）

を持っている場合なら、1日ごとに相場を眺めるのも良いかもしれません。しかし、指輪が5つといった少量のときは、すぐに現金化をしたほうが良いかもしれません。仮に、全部で10グラムだとします。今日10円値上がりしたとしても100円しか変わりません。ここ数年間の変動幅は、1000円以内に収まっています。

## 「プラチナも今が売り時」の理由は、相場が高騰しているから

プラチナも、以前より相場が上がっています。「貴金属買取り」を、今はどの店でもやるようになりました。店によっては鑑定が未熟なところもあるので、得意としている店に持ち込みましょう。

## 今後は金が上がるのか?

お客様の中には「金はまだ上がる」と思い、売らない方もいるのが現状です。ですが、たくさん保有しているのなら、１日ごとに相場を気にしながらタイミングを待つのも１つです。しかし、今後、下がる可能性がないとは言えません。「あのとき売っておけばよかった……」と、ならないように考えてから売りましょう。

## 購入時の金額を覚えていて、査定額に納得がいかないときは売らずに商品を大事に保管する

査定額に納得がいかないときは、売らずに大事に保管しておく

いざ売ろうとドキドキしながら査定結果を待っていたら、自分が思っていた金額より「安い」と感じた。そうしたら売るのを止めて、商品は大事に保

管しておく。気持ちに整理がついたときや、もう手放しても良いと思ったときに売るのが一番。それが、お客様にとってのベストなタイミングです。

## 店員に嫌な顔されても気にしないで

査定時、ごくまれにですが「露骨にイヤな顔をする店員」がいます。そんな店は、選ばないほうが賢明です。先日、とある店からこんな声が聞こえてきました。売ることを止めた人に対し、「なんでこのババアは売らないんだ！」。過激な表現ですが、実体験です。同業者として恥ずかしく思います。もし不愉快な思いをされた方がいましたら、申し訳ございません。

## 買ったときの金額を鮮明に覚えていたら売らないほうが良い

こんなこともあります。買ったときの金額を鮮明に覚えていて、「50万円で買った指輪なんだけど、40万円にならない？」と言われるお客様がごくまれにいます。明らかに、無茶な査定額を求めています。購入代金を覚えていて、とても大事にしている品物です。しかも、査定額が低いと感じて手放したくない場合は、売らないほうが得策です。売ってしまうと、返品ができないためです。そのため、本当に不用になったときに売りましょう。

## 店員の「今日だけこの金額です」買取相場は急激に変わらないから、セールストークに振り回されない

### 「今日だけこの金額にします!」というセールストークに惑わされない!

「今日だけこの金額にします！」も店でよく耳にする言葉です。しかし、買取相場はそこまで急激には変わりません。1ヶ月や1年なら別ですが、2

〜3日ぐらいではそこまで動きません。したがって、店員の得意ジャンルなどにもよりますが、基本的に「今日だけこの金額」はありえません。

## 「買取相場は日々変わります」と言われたら、即他店に持ち込みをしよう

たしかに相場は変わりますが、金額が1万円以上も違うことはほぼありません。店員が「少しでも安く買うため」のもっともらしい理由をつけているだけです。お客様が相場などを知らないため、このようなことが日々行われているのです。これを防ぐためには、他店に持ち込むことをその店員に伝えましょう。査定額が上がることもあります。複数店で査定を試すのが、より効果的です。

## 「明日は安くなるかも?」と言う店にも近づかないほうが良い

店員が売上げやノルマを気にしているためなのか、それともお客様から商品を買いたくないのか、はたまたやる気がないのかはわかりませんが、「明日は安くなるかも」などと言って、お客様を不安にさせる店は避けたほうが賢明です。店によってはブランド品に囲まれ傲慢になり、お客様に平気でタメ口をきいてしまう店もあります。店を、「金額」以外に、「人柄」で判断するのも一つの方法です。

## まとめ

**商品を売るときは、人件費のかからない個人商店や買取品目を絞った専門店を選ぶ「地域No.1買取り」「10%UP」に惑わされない**

人件費のかからない個人商店を選ぶ

店員が大勢いる店は人件費がかかるため、査定額が安くなる傾向にあります。よって、人件費のかからない店を選ぶ。また、複数の店で査定をすることで、「地域No．1」や「10％UP」といった言葉に振り回されなくて済みます。買取金額の一番高いところに依頼しましょう。

## 「なんでも屋」ではなく買取品目を絞った専門店を選ぶ

「なんでも屋」は、広く浅い知識で鑑定経験も乏しい可能性があります。店員間で得意・不得意があるので、まずは店頭に持ち込み、査定依頼をしましょう。繰り返しになりますが、売るときは複数店舗での見積もりをとり、条件の一番良いのところにする。そのとき、他店の金額を伝えることで交渉がさらに有利となります。

## 査定額が安い場合は無理をして売らず、大事に保管する

購入代金は鮮明に覚えているものです。安く買い叩かれると思う場合は、売却は止めて大事に保管しましょう。売ってしまうと返品はできないので、よく考えてからがベストです。売却を止めると、店員によっては露骨に嫌な顔をすることもありますが、気にしない。お客様が手放しても良いと思ったときに、店を利用するのが一番なのです。

— キーワード —

客寄せパンダ：人気や知名度によって、人々をひきつけること

第4章

# 店員に足元を見られない具体的で簡単な方法

## 売りたいモノの買取金額の検索方法
## 商品名と相場をネットで調べ、相場以上なら損せずに店へ売れる

### 売りたい商品・相場の簡単な調べ方

売りたいモノを買取店へ持ち込むとき、安く買い叩かれないようにするためには、インターネットで調べれば未然に防げます。「商品名」と「相場」

を入力するだけです。例えば、カルティエの財布を売る場合は、「カルティエ」「財布」「相場」とこれだけ。

ポイントは単語の間に「スペース（空白）」を入れることで、より検索が容易になります。さらに、鮮明に金額を知りたいときは、「モデル名」などを加えて検索しましょう。これによって相場以上であればその店へ売ってしまい、安い場合は他の店に持ち込みましょう。約3分で検索ができるので、ぜひ試して下さい。

## 相場を知らないと損をしてしまうケースがある

以前、売りたいモノを店頭に持ち込んだときの出来事です。相場を知らないフリをしていたら、店員はなに食わぬ顔して、相場の5000円も安く査定額を提示してきたのです。少しでも高く売るために、「ネット検索」を有効活用しましょう。

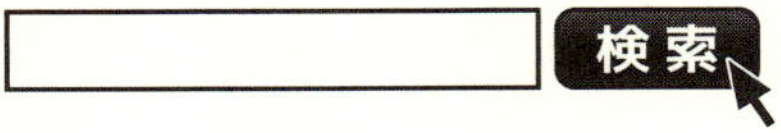

# 買取金額に関する店員への質問は型番と傷の状態を伝える査定額がもっと具体的になる

## 店員への売りたいモノの上手な質問の仕方とは

店員への買取金額に関する質問は、型番と傷の状態、モデル名を伝えることです。査定額が具体的になるので、店舗比較がしやすいのです。目の前にモノがないと、鑑定士によっては「商品を見ないと、わからない」と言います。おおまかな金額すら提示しない店には、依頼しないほうが良いでしょう。

店によっては、お客様から少しでも安く買いたいためなのか、それとも真贋・査定が未熟なためなのか、額を教えてくれないところもあるからです。ひどい店員になると、傷の状態なども含めて見たいと言い、少しでもそれを見つけると、鬼の首を獲ったかのように傷を強調してきます。そのため、目の前にモノがなくても、ある程度の金額を教えてくれる、良心的な店選びをしましょう。

# モノを売る前に必ず店へ電話相談を1店舗より複数の見積依頼をしたら、得するために一番高額な店で売ろう

## モノを売るのに一番必要なのは店の選び方

モノをより高額で売るためには、店選びが一番大事です。そのため、しつこいかも知れませんが、繰り返しお伝えさせて頂きます。

以前、ブランドの財布を3店舗に持ち込んだときの査定額ですが、A社3000円、B社5000円、C社8000円でした。ブランド品を買い取るにしても、人件費などの費用や扱う品目の得意・不得意によっても金額が変わります。

金額に差があることに違法性はありません。最初から金額の高い店なのかを判断するのは、持ち込まないことにはわかりません。

## モノを高く売るには愛想良くする
## 店員への丁寧な挨拶や笑顔などで、
## 同じモノでも「額」が上乗せされることも

モノを高額にするためには、店員へ挨拶などで好印象を与えること

同じモノを売るにしても、売る側が横柄な態度では査定額が安くなる傾向にあります。というのも、店によっては「もう来店して欲しくない」「他の

お客様の迷惑になる」といった理由があるからです。

一方、ニコニコとして挨拶などをして、店員に好印象与えることで、査定額が少し上乗せされる可能性もあります。店員も人間なので、感情があります。必要以上に媚を売る必要はありませんが、最低限の挨拶や笑顔でも金額は変わるものです。店の常連になると、さらに高額になる可能性もあります。

## ダイヤなど宝石を売るとき石に価値があることを強調すれば足元を見られる場面は少ない

### ダイヤモンドなど「宝石」に価値があることも覚えておく

金やプラチナのアクセサリーについているダイヤモンド・珊瑚・ルビーなどの宝石は、素材や重量以外にそれらの「石」に対しての価値があります。

店によっては、値段がつくことを知らないスタッフや、知っていてもお客様に内緒にしていて、きちんと査定をしないところもあります。貴金属よりも、「石」の方が高額なときもあるのです。

先日、「ダイヤモンド買い取ります！」というチラシが自宅に入っていたので、店頭へ持ち込みました。しかし、「鑑定書がないと買えません」。さらには、「小さい石には価値がない」と言われました。ダイヤモンドは鑑定書がなくても現金になります。お客様が知らないのを良いことに、安く買い叩くのです。知っておいて下さい。

# 専門店で取り扱ってもらえないモノは「なんでも買取り」の店へ運ぶことで少しでもおカネにしてしまおう

## 「なんでも買取り」をする店の賢い使い方

専門店で取り扱ってもらえないモノは、「なんでも買取り」をする店を利用して、少しでもおカネにしましょう。お客様の中には、「切手・貴金属・

骨董品」を私に依頼して、「洋服・雑貨・本」などは他店を利用するなど、使い分けている人がいます。最近では、ダンボールにモノを詰めて送るだけの、「宅配買取り」も増えています。

### 店頭に行かない「宅配買取り」サービスとは

「宅配買取り」とは、ネットや電話で申し込むと自宅にダンボールが送られてきて、それに売りたいモノを詰め、返送して査定してもらうサービスです。査定料・送料が無料なサイトもあるので、近くに店がない場合はとても便利です。不用品を捨てる前に、まず確認してみましょう。お気に入りの店が複数あると、より便利で快適になります。

## まとめ

**モノを安く買われないように、数社から見積もりをとる**
**ネットで商品名と相場を調べ、査定額が高い店に買取りを頼む**
**傷や型番を伝えるとさらに金額が具体的になる**

繰り返しになりますが、１店舗で決めず複数店舗から見積もりをとりましょう。高く売るには、「店選び」がとても大事です。さらに、ネットで商品名と相場を調べることで、店員に安く買われることはありません。金額を詳しく知るには店頭に持ち込み、電話では「傷・型番」を詳細に伝えることでより鮮明な査定額がわかります。売るときには、店員への挨拶や笑顔で自分の印象を良くすることで金額が変わる可能性もあります。

ダイヤモンド・珊瑚・ルビーなどの「宝石」に対する価値があることも覚えておくと、貴金属を売るときに安く買い叩かれなくなります。そして、専門店で売れないモノは「なんでも買取りをする店」へ依頼して、少しでも現金化をしてしまいましょう。近くに店がないときは、ダンボールにモノを詰めるだけの「宅配買取り」も活用しましょう。店によっては、査定料・送料が無料なところもあります。

― キーワード ―

宝石：ダイヤモンドやルビーなど貴金属に使われる鉱物

# 第5章

# スマホを徹底活用、買取店よりもっと高く売る方法

## ネットで売るほうが店より高額に店を通さずに余計な費用もかからず、個人に直接やり取りができるから

初心者でもスマホでできるネット販売

店で売るより「ネット販売」を自分でやれば、高額で売れるようになります。

店を通さないため、余計な費用もかからず、個人に直接やり取りができるか

らです。

最近は、出品手数料が無料のフリマアプリ（164頁キーワード参照）がたくさんあるので、自分と相性の良いサイトを使うと良いです。初心者にオススメなのが、「ヤフオク」「メルカリ」「ジモティー」です。ヤフオクは大半の場合、出品におカネがかかります。そのため、たまに売るくらいであれば、手数料無料の「メルカリ」や「ジモティー」が適しているかもしれません。慣れてきたら、色々と試してみた上で自分と相性の良いサイトを見つけましょう。

## ネット販売では文章で具体的に記載
## 商品や送料を購入希望者に伝えることで
## 相手の有効な判断材料になる

**ネット販売では文章で○○を記載するだけで購入希望者が買いやすくなる**

ネット販売をするときには、文章で商品を具体的に記載することがポイントです。購入希望者に詳しく伝えることで、より購入されやすくなります。

記載する内容は、「商品名・購入場所・購入時期・品番や型番・色・傷や汚れ・送料・発送方法」などです。

## フリマアプリで購入されやすい文章例

例えば、カルティエの時計を出品する場合は、

**商品名　カルティエ　パシャ　腕時計　自動巻き**
**購入場所　銀座の専門店（3年前に購入）**
**品　番　2324**
**型　番　PB2231444**

**色　　　　ネイビー**

**直　　径　3・6センチ（リュウズ含まない）　ベルト幅1・7センチ**

**　　　　　腕まわり21センチ**

**発送方法　ゆうパック60**

**送　　料　無料**

**動作確認済みです。細かい傷ありますが、比較的キレイです（画像確認お願いします）。**

このように書くことで、購入希望者は安心します。自分が購入するときに、少しでも情報が多いほうが購入しやすいですよね？　ネット販売を活用している出品者は、このように細かく書いて高額になるよう工夫をしています。

## 商品撮影が重要なフリマアプリ
## 購入希望者に傷などがわかるようにする
## 弱点を写してクレーム防止に

クレームを未然に防ぐためには写真に「傷・汚れ」を写すこと

フリマアプリでは商品撮影が重要です。購入希望者へ商品にある傷などがよくわかるよう、しっかりとカメラで撮影してクレーム防止につなげます。

商品評価の低い理由の多くが「実物と違う」ことなので、傷や汚れなどは堂々と写しましょう。評価が低いと購入希望者から疎遠されるようになり、購入されにくくなります。失った評価を取り戻すことは、とても難しいようです。

## より高額にするための撮影ポイント

ネット販売では写真3～5枚の掲載ができるので、フルに活用します。写真がたくさんあると、購入希望者が商品のイメージをしやすいためです。掲載が少ないことはもったいない話なので、1枚は必ず商品の全体像が写っている写真を載せます。これで、興味を持たれ入札されやすくなります。最初は慣れないかもしれませんが、撮影は続けることで上手になっていきます。

## ネットで売るときに金額で悩んだら、検索したヤフオクと同じに金額にするキレイで安価が欠かせないポイント

### ネット出品でいくらで売るかに困ったときの方法

出品するとき「いくらで売ればいいのか？」に悩んだら、ヤフオクで検索してみます。自分が売りたい商品と、実際に売れていた他者の同じ商品と同

じ金額で出品しましょう。メルカリやジモティーでは、その金額で売ってしまいます。売れないときは少し金額を下げます。より高額で売りたい場合は、キレイであることと新しさがポイント。これはネットでも店でも一緒です。万が一、ネット上に同じ商品がない、または商品が検索できない場合は、自分が欲しい金額で出品するのもアリです。

## 検索方法の具体例

売値を知るための商品の検索方法ですが、ヤフオクで商品名とモデル名を入力するだけです。例えば、「カルティエ　腕時計　パシャ　自動巻き」となります。このときに、文字の間に「スペース」を入れることで、検索がスムーズになります。逆に、文字間を隣接させると検索ができないこともあります。

## ネット販売で購入希望者に好かれるコツ
## 挨拶やお礼は簡潔に3行まで
## 顔が見えない取引では安心感を与える

ネット販売で購入希望者に好かれる挨拶やお礼の仕方

ネット販売で購入希望者に好かれるコツは、挨拶やお礼などを簡潔にすること。長すぎないように、3行までにまとめます。顔が見えない取引で、このようなお礼は相手に安心感を与えます。メルカリなどでモノを購入するときや、他のフリマアプリでも使えるので、ぜひ活用して下さい。また、出品したあとに「購入ありがとうございます！　よろしくお願い致します」といった返礼も、相手に好かれます。商品が到着したときも、「届きました」などの一言があると出品者は安心します。チョットしたことですが、大切です。

## 無言購入や取引メッセージがないと、評価が悪くなるケースもある

フリマアプリでは挨拶もなく、いきなり「値下げできますか？」「5000円なら即決します」などの文言が散見されます。またメルカリでは、無言購入を禁止している出品者もたくさんいます。取引メッセージなどがなかった

り、非礼な言葉遣いは相手を不安にさせるだけでなく、自身の評価も下げ、相手からブロックされ、そのフリマアプリで二度と商品の売買ができなくなることも考えられます。これらを未然に防ぐためにも、「挨拶・お礼」はとても大事なのです。ネットで売り買いをするときは、これも覚えておきましょう。

## ネット売買で良い評価をもらうには、相手の気分を良くさせるために大好きな人へ伝えるように褒める

ネット売買で半永久的に稼ぎ続けるためには高評価をもらうこと

ネット売買を継続するためには、良い評価をもらい続けましょう。例えば、落札してモノが到着したら、大好きな人へ言うように褒めちぎります。「素

晴らしい方に出会えて光栄です。大変状態の良いお品物でした。とても信頼のおける方ですね。またご縁がありましたらよろしくお願いします」などです。少しやりすぎじゃないか？　と思われるかもしれませんが、褒め称えることで良い評価をもらいやすくなります。

売る側になっても同様です。もし悪い評価をもらったら、すぐに謝りましょう。送料を負担したり、商品代金を半額にするなどで、ヤフオクでは「悪い評価」から「良い評価」にしてもらえる可能性もあります。メルカリでは、アプリの性質上、評価を戻すことはできないので注意しましょう。

# 商品が売れたら梱包作業を最優先に
# エアーパッキンで三重に包む
# 購入者の満足度を高める目的で頑丈に包む

## 梱包のエアーパッキンはケチらない、割れないように頑丈にする

出品した商品が売れたら、まず初めにやることが「梱包」です。エアーパッキン（緩衝材）を入れて、割れないようにしましょう。細かいものは透明

のケースなどに入れて包むと、より丁寧に感じるので試してみて下さい。商品にもよりますが、三重で梱包すると、購入者には「大事に扱っている」と良い印象を与えます。

悪い評価の多い出品者は、細かいものを銀行の封筒などに入れてそのまま発送する方もいます。ケースやエアーパッキンは高いものではないので、ケチらないで下さい。丁寧な梱包も良い評価をもらいやすいので、実践しましょう。購入者に、商品が到着することで満足度も高めてもらいましょう。

## 販売困難な売れない商品は買取店に依頼
## 重い商品にまつわる肉体的苦痛の緩和と、
## 無駄な時間を使わなくて済むから

### ネット上で売れない商品は、近くの買取店に持ち込み少しでもおカネに換えよう

フリマアプリを使ったのに売れ残った商品や、重たくて発送ができない物などは買取店に依頼しましょう。転売初心者へ向けた本などには、売りやす

い物から売るようにとススメているようですが、金額が安い上に手間がかかります。売れ残ったら、店に売りさばいてしまいましょう。

以前、こんなことがありました。副業で転売をやっている方がなかなか売れなくて、一度出品して売れない商品を何度もネット上に出したそうですが、5回やってもダメでした。出品は簡単ですが、売れても安価であればやらないほうが良いときもあります。

## まとめ

### 「ヤフオク・メルカリ・ジモティー」で稼ぐには、挨拶やお礼などの文章、撮影状態、送料がカギ 購入先や傷などを詳しく伝えた上でやりとりする

フリマアプリを使っておカネを稼ぐには、「文章・撮影状態・送料」がカギを握ります。文章は「商品名・型番・購入先・送料・商品の状態」を詳しく記載します。購入希望者の不安を少しでも解消して、購入につなげる。写

真撮影は「傷・汚れ」も隠さないで、しっかり写す。実物とのギャップをなくすことで、クレームを未然に防ぐことになります。より入札されやすいように、1枚目の写真は商品の全体がわかるようにします。

ネットでは顔が見えないので、簡潔に挨拶やお礼などをします。売り買いをする場面で、相手が親切だと感じて良い評価をもらいやすくもなります。そして、出品して商品が売れたらまず初めに梱包作業。少しでも早く購入者に商品を届けることで、好評価をもらいやすくなります。ネットで売れ残ったときは、買取店に依頼して少しでも現金化しましょう。

― キーワード ―

フリマアプリ：スマートホォンを用いてアプリケーションソフトを使うだけでフリーマーケットで売買できるサービス

# 第6章

# 正しい遺品整理、悪徳業者からの護身術

## 遺品整理の正しい順番は、片づけ→買取り→処分→清掃これで短期間作業が実現する

### 遺品整理の正しい順番は片づけを優先的に行う

遺品整理の正しい順番ですが、片づけを優先的に行い、必要なモノと不必要なモノに分けましょう。その上で買取店を呼び、不用品を売ります。処分

の仕方ですが、量が少ない場合は自治体と家電量販店に依頼、多い場合は回収業者を呼び、その後で清掃をします。業者によってはこの一連の流れをやってくれるところもあります。回収業者では費用がかかるので、まずは買取店を呼び、少しでも現金にします。

故人の想いをより大事にする遺族の方に、「お焚き上げ」を希望する方も増えており、最近はお寺や神社でもやってくれるところもあります。もし、異臭がする場合は「特殊清掃」が必要となるで、業者を選びます。以前は便利屋などがやっていましたが、近頃は遺品整理を専門とする会社が増えてきました。自分の生活や費用に見合う業者を選ぶことが大切です。

1人ですべてをやると時間を要するので、迷ったら「必要なモノ・いらないモノ」に分けることから始めます。業者に依頼するときも一番大事になるがこの点で、必ずと言って良いほど聞かれるところです。

## 買取店と回収業者の違いは処分目的か販売目的なのか買取店では処分代をとらない

### 買取店と回収業者の違い

買取店と回収業者の最大の違いは、「処分費用」を支払うのかどうかが違います。買取店では「販売目的」が仕事で、回収業者は「処分を目的」としているため、根本の考え方や仕事内容がまったく違うのです。

例えば、ここに汚れている骨董品「掛け軸・屏風・絵・食器」があるとします。買取店では汚れていても、作家名や年代によっては高額買取りになる可能性があります。回収業者ではこれらを販売せずに処理してしまうため、「処分費用」がかかってきます。そのため「売れるのか？」と迷ったら、まずは買取店に確認をしましょう。上手く使い分けて、生活を快適で便利になるように！

## 知らないでは済まされない違法回収業者にお願いすると、依頼者にも罰金がかかる

### 安易に違法回収業者に頼むと依頼者にも罰金がかかる

軽自動車で、「廃品回収です！　なんでも無料で回収します」という呼びかけを聞いたことはないですか？　ほとんどが、無免許で違法営業をしてい

る可能性があります。

環境庁のホームページでも注意を促しています。悪質な業者は、チラシに「免許番号」まで記載しています。「無料で回収するので○月○日○時に電化製品を出して下さい」と、書かれていることもあります。神奈川県に住んでいるお客様から聞いた話なのですが、「処分費用は3万円です」と高額請求をされたそうです。

また、そういった業者が不法投棄したモノから依頼者だと特定されるもの（住所や名前）などが警察に発見されると、依頼者に「罰金・懲役」がかかる可能性もあります。少し費用がかかっても、「自治体・家電量販店・正規の回収業者」を利用するようにしましょう。

## 偽ブランド品は持っているだけで、罰金や懲役がかかる可能性がある安物買いの銭失いにならない

偽ブランド品は持つだけで罰金や懲役がかかることもある……

テレビなどから、「偽ブランド品」を販売している店が摘発されたというニュースを聴きます。ネット上で売られている商品でも、あまりに安すぎる

商品は疑ったほうが良いようです。偽ブランド品の多くは海外で粗悪に作られていて、それが日本に持ち込まれていることがあります。税関で検査されたり、偽物と知りつつも所持していた場合は、「罰金・懲役」がかかる可能性もあります。「安物買いの銭失い」にならないで下さい。高級なブランド品は、「素材やネームバリュー」に価値があるのです。どうせ買うならしっかりおカネを貯めて、正規のモノを正規の店で購入しましょう。

## プロもやらない情報商材は稼げない
## 素人が上手く転売できないのは、仕入れや販売のノウハウが皆無だから

### プロも実践しない情報商材には手を出さないようにする

ネット上で、「素人でも転売で月収100万稼ぎました！」といったような文字を目にしたことはないですか？　テレビでも、「100円の本が3万

円になった」と紹介されていました。これらの情報は極めてまれです。なぜなら、プロですらこのような行為は実践しないからです。

そもそも、素人で100万円が稼げるのなら、大手業者が商品を買い占めるか、すでにフランチャイズなどが展開されているはずです。しかし、なぜかネットには誇大表現が多いのです。素人では商品の目利きもできない上に、販売ノウハウも皆無です。このような表現に惑わされないようにしましょう。どうしても、「転売」を勉強したい方は買取店に入り、目利きをイチから学ぶことが近道です。

# 悪徳買取業者の電話や訪問営業
# これらがとてもしつこいなら、
# 消費者生活センターに駆け込む

## 悪徳買取業者から自分の身を守る方法

以前、訪問買取行為がテレビでもよく取り上げられていました。最近は、電話で「いらないものはないですか？」と洋服や本から始まり、貴金属など高額なモノを買い取る傾向にあります。

電話をして、お客様が同意をした上で買取りをすることに違法性はありません。しかし、問題は一部の中にお客様を脅したり、商品を売るまで帰らないといった買取業者がいることです。その場合は、消費者生活センターに通報しましょう。押売りならぬ「押買い」と新聞でも揶揄《やゆ》されていました。

「いらないモノだけを売りたい」といった希望があれば別ですが、他店との差額を比較たあとで売却するかを考えます。売る気がない場合や売るものがないときは、キッパリと「断る」ようにしなければなりません。

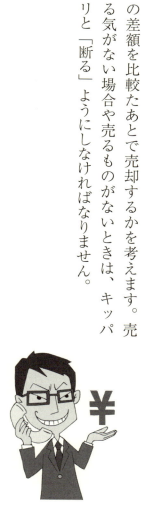

## まとめ

**遺品整理は買取店への売りが最優先**
**悪徳業者から身を守る、偽ブランド品には手を出さない**
**違法回収業者は免許の有無で見分ける**

遺品整理では、「必要なモノ・不必要なモノ」を区別して、不必要なモノは買取店に依頼して少しでも現金化しましょう。買い取ってもらえないモノは、量が少ないなら自治体や家電量販店に、量が多い場合は回収業者にお願いする必要があります。清掃や臭いが気になる場合は、「特殊清掃」を得意とする業者を選びをしましょう。無免許で違法営業をしている廃品回収業者には、近寄らないようにする。また、偽ブランド品は持たないように。あまりに安く売られている商品は購入を控えるべきです。消費者や購入者に、「罰金・懲役」がかかることがあるので、自分で身を守るように気をつけます。悪質なプロですら実践しない「情報商材」は、手を出さないようにします。それでもしつこい場合は、消費買取店にはきっぱりと断っても構いません。それでもしつこい場合は、消費者生活センターに「しつこい営業マンがいます」などと連絡しましょう。

―キーワード―

遺品整理：故人の品物を取り扱い、整理すること。特殊清掃やお焚き上げなどもある

〈巻末付録〉　明日から友達にすぐに言いたくなる雑学

## リサイクル店と質屋の違い
## おカネを貸すか貸さないか

### 商品に大きな差はない

質屋と買取店の違いは、簡単に言うとおカネを貸すか貸さないかです。金やダイヤモンド、ブランド品など値のつく品物を担保におカネを借りられるのが質屋です。質屋では原則的に利子をつけて利用者におカネを貸し、返せなくなったら預けた品物が売られてしまう。買取店は「買取り・引取り」だけを行い、おカネを貸すことは違法となります。そのため、利用者から品物を買取り、おカネを支払います。

## 便利屋・回収業者との上手な付合い方

処理したいモノが1点だけだと、家電量販店や自治体の方が処分費用は安上がりですが、量が多いときは逆に高くつきます。そのときは、回収業者を利用することで無駄なおカネを使わなくて済みます。重たいモノがあったり忙しい方には特に便利です。追加料金がかからないことなどを詳しく丁寧に説明してくれて、電話応対もしっかりしているところを選びます。引越業者が産業廃棄物収集運搬免許を持ち、一緒に処分してくれるところも増えました。売れるモノは買取店、処分は回収業者に依頼することで快適な生活を過ごしましょう。

## 3R（リサイクル・リユース・リデュース）の違いをしっかり知る

「リサイクル（Recycle）」は再使用後に廃棄されたものを資源として「再利用」すること、「リユース（Reuse）」は使用済みであっても「再使用」すること、「リデュース（Reduce）」は使用済みになったものがゴミとして捨てられるのを防ぐために「製造・加工・販売」すること。3R活動とはこの「3つのR」に取り組むこと。ゴミを極力減らし、環境を向上させる。地球の資源を、有効に繰り返して使う社会を意味します。

## 郊外の古くて誰も来ない古本屋はどうして潰れないのか？

町外れの古本屋で、いつもシャッターやカーテンを閉めている店なのに、潰れない店を見たことはないですか？　実は、レアな書物を「ネット販売」しており、一見さんをお断りしてコアなお客様を相手に繁盛しているのです。賃料は持ち家なのでない。業者同士の競り市（古物市場）で販売しているケースでは、店を倉庫代わりにしています。これらが潰れないヒミツです。

## 金よりも高く売れる？　1億円を超えるモノがある？　その名前は「香木」

金やプラチナより高額なモノが……。「香木《こうぼく》」と言って、1億円を超えるものもあります。店舗数は少ないのですが、海外では専門店も存在します。この「木」は、火にくべるととても良い香りを放ちます。というのも、木の内部に蓄えられた樹脂が、完熟して芳香を放つようになると言われています。香水がない昔はとても重宝され、織田信長などの偉人たちも愛でたとか。最近では、シニア層から注目が集まるようになっています。

## 自治体で処分ができない家電リサイクル5品目（平成28年10月6日現在）

テレビ（ブラウン管・液晶型・プラズマ型）
洗濯機（乾燥機）［全自動式・二槽式］
エアコン
冷蔵庫
冷凍庫

これら5つの家電は自治体では処分ができないが、買取りはできるのか？

買取店で確認をして、もし買い取ってくれない場合は、家電量販店に相談するのが正攻法です。

**業者選びの決定版！　家電リサイクル5品目料金（平成28年10月6日現在）**

| | |
|---|---|
| エアコン | 1404〜9720円 |
| テレビ | 1836〜3688円 |
| 冷蔵庫・冷凍庫 | 3672〜6037円 |
| 洗濯機・乾燥機 | 2484〜3310円 |

リサイクル料金はどの店舗も一律ですが、すべて「メーカー・大きさ」で処分費用が変わります。さらに、これとは別に「収集運搬料金」が業者間で差があるため、電話で聞くのが最優先。

## 自治体（例・神奈川県藤沢市）の処分料金（平成28年10月6日現在）

〈大型ゴミに指定されているモノ（500円でできるもの）〉

電子レンジ、食器洗い機・ミシン、ワープロ、スキャナー、プリンター

カラオケ機械セット、ビデオおよびDVDデッキ、石油ストーブ類、掃除機（ハンディー型を除く）、扇風機・ファクシミリ、アンプ、ステレオ（コンポ、チューナー、プレーヤー）

〈特別大型ゴミ（1000円）〉

オルガン、サイドボード、食器棚、スプリング入りマットレス、ソファー、畳、タンス、ベッド、流し台、机、書棚

これ以外にも対象品がありますので、わからないときは各自治体に電話確認をして下さい。

## 全国の自治体で処分するときの電話の仕方

自分が住んでいる自治体を、ネット検索しましょう。例えば神奈川県藤沢市の場合は、「神奈川県」「藤沢市」「ごみ処分」と入力します。各語間に、スペースを入れることも忘れずに。そして、載っている電話番号に電話をして、処分したい品目を伝えます。「机の処分をしたい！」「ミシンを引き取って欲しい」などと一言。たったこれだけで、詳しい部署につないでくれます。

## おわりに

私の本を最後までお読み頂き、本当にありがとうございました。数年前から買取店が増えすぎたせいか、お客様を思いやる素晴らしい接客をする良心的な店があるかと思えば、電話で言った査定額と2倍以上も違う買取額を言ったり、机に肘をついたままタメ口で接客をするような不愉快な店もあります。このような店の対応策を今まで伝える方がいませんでした。読者の方が本書を参考に実践することで、少しでも「役に立った！」と実感して頂ければ、著者としてこれほど嬉しいことはありません。

買取店側は、「金額以外にもお客様の役に立つ自分」をどう伝えるかが今後の鍵となります。つまり、「高く買う」以外に、お客様の想いや生活に寄り添った考え方をしなければなりません。例えば給料日前であったり、家族と旅行や食事に行きたいだったり、子供や孫にプレゼントやおこずかいを渡したいだったり、自分が欲しい品物を購入したいだったり……。これらをイメージしやすいように提案することが、お客様の悩みを解決することにつながると思います。私は、これまでもこのようなことを試行錯誤してやってきましたが、「何年経っても日々勉強なんだ」と感じています。

ある人にとって不用なモノが必要とする人の手へ渡ることで喜ばれたり、見たこともない商品に出会えるこの仕事が、とてもやりがいのあるものだと私は考えています。最後になりますがこの場を借りて、この本を読んで頂いた皆様、出版に関わって頂いた皆様、特に文章などの指導をして頂いた吉野秀様、出版の機会を与えてくれたベストブック社に、心から多大なる感謝をしております。

森園 高行

森園 高行（もりその たかゆき）
1986年神奈川県生まれ。黄金買取センター代表。主にアクセサリー、切手、骨董品などを扱う。古物商、遺品整理士の免許を持つ。ヤフーオークションやメルカリをはじめ、ネットオークションの「写真撮影、仕入れ、文章、送料での稼ぎ方」なども初心者から教えている。
黄金買取センター http://www.ougonkaitori.com/

掃除・引越し・終活が楽しくなる?!
**買取業者が教える 不用品をお宝に変える㊢術**

2016年11月14日 第1刷発行

| | |
|---|---|
| 著 者 | 森園 高行 |
| 発行者 | 千葉 弘志 |
| 発行所 | 株式会社ベストブック<br>〒106-0041 東京都港区麻布台3-4-11<br>麻布エスビル3階<br>03(3583)9762(代表)<br>〒106-0041 東京都港区麻布台3-1-5<br>日ノ樹ビル5階<br>03(3585)4459(販売部)<br>http://www.bestbookweb.com |
| 印刷・製本 | 三松堂株式会社 |
| 装 丁 | クリエイティブ・コンセプト |

ISBN978-4-8314-0210-3 C0077